Loros

sanos y felices

> Autor: **Thomas Haupt** | Fotografías: **Oliver Giel y otros conocidos fotógrafos de animales**

Indice

Un hogar confortable

Actividades

Apéndices

HISPANO EUROPEA

Aprenda a conocerlos

Una buena elección

El hombre siempre se ha sentido fascinado por el colorido y la capacidad de imitación de los loros. Son aves que siempre han estado muy cotizadas y que siguen sin haber perdido nada de su encanto. Hoy en día hay muchas personas a las que les gustaría tener un loro como animal doméstico. Pero

> Los guacamayos de alas verdes y los azules y amarillos acuden a las paredes de limos para obtener minerales.

no se puede comprar un loro de forma impulsiva y espontánea, sino que es necesario meditar muy bien esta decisión.

¿Por qué un loro?

Estas hermosas aves son unos animales muy sociables y que llegan a mantener una relación muy estrecha con su pareja o con la persona que los cuida. Pueden llegar a ser muy mansos, y entonces son capaces de acompañar a su dueño en casi todo lo que éste haga, con lo que se convierten en unos excelentes compañeros para las personas que viven solas. Se les puede explicar cualquier cosa y ellos a veces incluso son capaces de dar la respuesta correcta. Es muy interesante observar a los loros y participar en su vida social. Muchos llegan a alcanzar edades realmente avanzadas, con lo que prácticamente se convierten en un miembro más de la familia.

Origen y hábitat

Bajo el término general de «loros» agrupamos a un elevado número de especies muy distintas y que viven en los lugares más diversos. Un gran número de especies son oriundas de América del Sur, Australia e Indonesia, también encontramos muchos loros en África y en India. En Europa se han formado algunas colonias a partir de ejemplares que se han fugado de sus jaulas, como sucede con las cotorras que abundan en los jardines y parques de Barcelona, o los amazonas de frente amarilla que viven a sus anchas por algunas ciudades. En sus lugares de origen, estas aves se han adaptado a hábitats muy diversos. Así encontramos a los keas en las zonas montañosas de Nueva Zelanda, a los loros grises y los amazonas en la selvas de África y América del Sur, y a las cacatúas rosadas en las regiones esteparias de Australia. Todos ellos tienen en común su inteligencia y ese corto y fuerte pico que emplean como si fuese una tercera pata y que les sirve para pelar incluso las semillas más pequeñas. Los cuatro dedos de sus patas también son una característica común. Dos orientados hacia delante y dos hacia atrás. Así pueden trepar con gran facilidad, sujetar el alimento y llevárselo al pico. A nosotros podrá parecernos que la mayoría de loros tienen un plumaje de colores muy llamativos, pero en los lugares en los que viven constituye un excelente camuflaje. El color verde de los amazonas, por ejemplo, destaca mucho en nuestros hogares, pero en la selva hace que el animal se confunda completamente entre el follaje de los

> En su hábitat natural, los amazonas se camuflan perfectamente con la vegetación.

árboles. Algunas especies incluso presentan dimorfismo sexual, es decir, que los machos y las hembras presentan coloraciones distintas y por lo tanto son muy fáciles de distinguir. Sin embargo, la mayoría de los loros tienen una única coloración para ambos sexos.

Reproducción: Antiguamente casi todos los loros que se vendían habían sido capturados en sus lugares de origen, pero en la actualidad muchas especies se crían en cautividad. Y esto ayuda a proteger las poblaciones salvajes. Por lo tanto, adquiera solamente loros nacidos en cautividad.

RECUERDE

¿Seré un buen cuidador de loros?

✔ ¡Un loro puede vivir muchos años! ¿Estaré dispuesto a hacerme cargo de él durante todo ese tiempo?

✔ ¿Habrá alguien que pueda cuidarlo en mi ausencia, como por ejemplo si me pongo enfermo o me voy de viaje?

✔ ¿Estaré dispuesto a tolerar también los aspectos negativos de mantener un loro, como por ejemplo muebles picoteados, excrementos sobre el sofá, etcétera?

✔ ¿Dispongo de tiempo libre a lo largo del día para poder ocuparme debidamente del animal?

✔ ¿Hay alguien de la familia que tenga alergia a las plumas? Algunos loros, como las hermosas cacatúas, producen mucho polvillo de plumas.

Cosas de loros

Los loros son las aves más inteligentes y curiosas. Emplean su pico y su lengua para investigar detalladamente cualquier cosa nueva que encuentren. Si el objeto es demasiado pesado, lo sujetan con una pata para poder inspeccionarlo mejor.

> Amazonas amazonica *de alas anaranjadas reposando muy juntos, señal de que existe una estrecha relación de pareja.*

Es importante que su cuidador se asegure de que no puedan acceder a objetos cortantes o calientes.

Con todos los sentidos

Vista: Al igual que en todas las aves voladoras, su sentido más desarrollado es el de la vista. Sus ojos pueden procesar las imágenes a una velocidad muy superior a la de los nuestros, lo cual les es de gran utilidad al volar con rapidez. Dado que los loros son animales que basan su defensa en la huida, se sienten mucho más seguros si pueden ver claramente todo su entorno. La situación lateral de sus ojos les proporciona una visión prácticamente de 360º. Pueden ver más colores que el hombre, y esto les sirve para buscar alimentos, en el cortejo nupcial, para buscar lugares de anidación o para identificar a posibles enemigos.

Oído: El oído es muy importante para la supervivencia de los loros. Este sentido también lo tienen muy desarrollado y les permite comunicarse a grandes distancias, así como detectar a tiempo la proximidad de algún peligro. Al principio, los ruidos que les resultan desconocidos les producen una gran inquietud, pero ignoran aquellos que ya conocen. A muchos loros les gustan determinadas melodías musicales, pero para saber cuáles son las favoritas del suyo no tendrá más remedio que ir probando. Muchas veces gritan con fuerza cuando oyen sonidos como el de la aspiradora e intentan superarlos en intensidad.

SUGERENCIA

Estimular los sentidos

➤ Comen con la vista: Para los loros, la forma, el tamaño y la textura de los alimentos es tan importante como su sabor y su presentación.

➤ Un oasis confortable: Decore el entorno de la jaula con algún póster o colores bonitos que resulten agradables e interesantes para el loro.

➤ Placer auditivo: A muchos loros les encanta la música y se deleitan con ella. ¿Qué tipo de música? Esto va a tener que descubrirlo usted mismo.

Gusto: Las aves no tienen el sentido del gusto muy desarrollado, pero sin embargo son capaces de distinguir entre dulce, ácido y salado. En la naturaleza, los padres enseñan a su prole qué es lo que pueden comer. Sin embargo, los loros desarrollan preferencias por algunos de los alimentos y golosinas que les ofrecemos. Pero no hay que abusar de ellas y, sobre todo, no hay que darles restos de nuestra comida (ver página 48).

Olfato: Sabemos bastante poco acerca del olfato de las aves, pero es probable que sean capaces de diferenciar distintos olores. Cerca de los loros no deberá haber humos ni sustancias que desprendan un olor fuerte (pinturas o perfumes), ya que les resultan desagradables y pueden ser perjudiciales para ellos.

Comunicación

Los loros son aves muy sociables que han desarrollado un complejo sistema de comunicación para relacionarse con sus congéneres. Éste incluye vocalizaciones, posturas y expresiones. Sus potentes gritos les permiten mantenerse en contacto con la pareja o con la manada incluso desde gran-

Los yacos necesitan una intensa relación con su compañero, los juguetes les ofrecen un poco de entretenimiento.

des distancias. El bufar y levantar una pata en dirección a otro animal suele ser una muestra de agresividad. Muchos loros, como por ejemplo los amazonas, suelen contraer las pupilas cuando se excitan o intentan intimidar a alguien.

Capacidad de imitación: No todos los loros poseen esa capacidad de imitación de palabras y sonidos que tanto fascina a los aficionados. Pero hay algunos que son capaces de repetir frases enteras y emplearlas en el momento adecuado (ver página 52).

Aprenda a interpretar
su comportamiento

¿Conoce el lenguaje de los loros? Aquí aprenderá a interpretar lo que sus aves intentan expresar mediante su comportamiento ❓ y cómo debe reaccionar usted en cada caso ◁.

> El guacamayo de alas verdes *(Ara chloroptera)* de la derecha le rasca la cabeza a su congénere.

❓ Los loros refuerzan sus relaciones de pareja mediante un intenso contacto social y cuidándose mutuamente.

◁ Procure no mantener nunca un ejemplar solo. Proporciónele una pareja.

> El amazona de frente azul *(Amazona aestiva)* despliega ostentosamente todo su plumaje.

❓ La mayoría de los amazonas se ponen en posición para disfrutar de una ducha templada o fría.

◁ La ducha forma parte de la higiene corporal de los loros. Ofrézcales la posibilidad de recibirla a diario.

Este yaco (*Psittacus erithacus*) eriza y sacude su plumaje.

❓ El loro ordena bien sus plumas y se prepara para emprender el vuelo.

❮ Si lo hace con demasiada frecuencia es posible que tenga parásitos en la piel.

El guacamayo de la izquierda alza una pata hacia su compañero.

❓ Es una señal de advertencia que le indica «¡mantente a distancia!».

❮ Si la disputa se agrava y hay peligro de pelea será necesario intervenir para calmarlos, por ejemplo, haciendo un ruido fuerte.

El amazona de frente azul levanta el plumaje de la nuca.

❓ El loro ha descubierto algo que le ha llamado la atención y siente curiosidad, está muy atento.

❮ Evite que la vida de sus loros sea demasiado monótona.

Este amazona de nuca amarilla (*Amazona ochrocephala auropalliata*) extiende a la vez un ala y una pata.

❓ Realiza ejercicios de estiramientos para aflojar sus músculos.

❮ Disfrute observando cómo se ejercitan sus loros.

11

Cacatúa de cresta amarilla o cacatúa sulfúrea
(Cacatua sulphurea)

Color: Predominantemente blanco con el penacho amarillo.
Tamaño: 45-50 cm.
Distribución: Existen seis subespecies que habitan en diversas islas de Indonesia y en Timor. Viven principalmente en los bosques, pero también en zonas de cultivos en las que puedan encontrar árboles aislados.
Alimentación: Semillas, frutos, bayas, brotes, flores e insectos y sus larvas.
Mantenimiento: Son animales que en cautividad pueden llegar a ser muy ruidosos y que necesitan mucho material para picotear. Al principio pueden ser un poco tímidos, pero una vez adaptados son animales fuertes y confiados.
Particularidades: Existen seis subespecies; durante la época de la reproducción viven en parejas. El resto del año se reúnen para formar manadas que pueden llegar a ser muy numerosas.

Loro eclectus
(Eclectus roratus)

Color: Los machos son predominantemente verdes. Las hembras son totalmente azules y rojas (ver página 56).
Tamaño: 35-40 cm.
Distribución: Nueva Guinea e islas cercanas, desde las Molucas hasta el norte de Australia; vive en los bosques pero también en las zonas de sabana; puede acudir a jardines y plantaciones en busca de alimento.
Alimentación: Frutos, semillas y cereales.
Mantenimiento: Es un loro tranquilo. Las hembras suelen mostrarse dominantes respecto a los machos. Es posible mantenerlos en grupo, y se reproducen con facilidad.
Particularidades: Se reconocen diez subespecies; durante la época de la reproducción viven en pareja, el resto del año forman pequeñas manadas o grupos familiares; en la naturaleza, los machos son más ruidosos que las hembras.

Loro gris africano, yaco
(Psittacus erithacus)

Color: Predominantemente gris, cola de color rojo intenso.
Tamaño: unos 35 cm.
Distribución: Gran parte de África ecuatorial, desde Costa de Marfil hasta Kenia, Tanzania, Congo y norte de Angola. Vive en zonas de bosques, sabanas y manglares, a veces acude a los cultivos y regiones habitadas.
Alimentación: Semillas, frutos, bayas.
Mantenimiento: Es un animal relativamente ruidoso y que a veces puede mostrarse muy tímido. Una vez aclimatado llega a ser muy parlanchín. Si no se lo cuida correctamente tiende a arrancarse las plumas.
Particularidades: Se reproduce fácilmente en cautividad, pero conviene evitar cruces entre las diferentes subespecies. Vive en pareja o en pequeños grupos, pero por la noche pueden reunirse varios centenares de loros para dormir en un mismo árbol.

Loro gris cola de vinagre
(Psittacus erithacus timneh)

Color: Como su pariente mayor, el loro gris, pero de un tono más oscuro, cola de color rojo oscuro y pico claro.

Tamaño: unos 30 cm.

Distribución: Guinea-Bissau, Sierra Leona y Costa de Marfil; prefiere los bosques densos y las sabanas con árboles.

Alimentación: La misma que el loro gris.

Mantenimiento: Su comportamiento y sus aptitudes son idénticas a la las de *Psittacus erithacus*; su color oscuro hace que no resulte tan atractivo para muchos aficionados a los loros.

Particularidades: En la naturaleza no es tan abundante como el loro gris. También vive en pareja o en pequeños grupos; por la noche se reúnen en determinados árboles para dormir.

Lorito frentirrojo
(Poicephalus gulielmi)

Color: Predominantemente verde; frente, coronilla y borde anterior de las alas de color rojo.

Tamaño: unos 29 cm.

Distribución: Desde Camerún hasta Kenia y norte de Angola. Vive en selvas, bosques poco densos y también en plantaciones de café.

Alimentación: Principalmente semillas y frutos.

Mantenimiento: Es un animal muy silencioso que al principio se muestra muy tímido, pero con el tiempo se vuelve cada vez más activo. Le gusta jugar y destrozar maderas con el pico. Si se aburre o vive en una jaula demasiado pequeña tiende a arrancarse las plumas.

Particularidades: Se reconocen tres subespecies. Durante la época de la reproducción vive en pareja, pero durante el resto del año forma grupos de hasta diez individuos. Si el alimento es abundante, pueden formarse manadas más numerosas. Por la noche se reúnen para dormir en árboles comunitarios; son tímidos y precavidos. Se ha conseguido reproducir esta especie en cautividad, pero no es nada fácil.

Lorito de Senegal o lorito you you
(Poicephalus senegalus)

Color: Predominantemente verde, cabeza negra, abdomen y parte inferior del pecho de color amarillo.

Tamaño: unos 23 cm.

Distribución: Desde Senegal y Gambia hasta Nigeria y Chad, Níger, Togo, Benin y Malí. Vive en bosques abiertos, así como en zonas de sabana con árboles.

Alimentación: Grano, semillas y todo tipo de frutos.

Mantenimiento: Es un loro algo ruidoso y que se muestra muy activo cuando no se siente observado; puede ser algo tímido y retraído ante la gente. Los ejemplares nacidos en cautividad suelen ser mucho más mansos y confiados.

Particularidades: Se reconocen tres subespecies; fuera de la época de la reproducción se reúnen en manadas de hasta veinte individuos. Es un loro muy tímido. Se reproduce habitualmente en cautividad.

Loro de Meyer
(Poicephalus meyeri)

Color: Marrón grisáceo cenizo, frente amarilla y coberteras inferiores de las alas del mismo color.
Tamaño: unos 20 cm.
Distribución: Etiopía, Chad, Camerún y desde Kenia hasta Namibia. Habita principalmente en sabanas y zonas boscosas.
Alimentación: Frutos, bayas, grano.
Mantenimiento: No es muy ruidoso, suele mostrarse tímido y reservado, le gusta picotear.
Particularidades: Se reconocen seis subespecies; son loros bastante territoriales y les gusta dormir en las cavidades de los árboles. Vive en parejas o formando pequeños grupos. Está estrechamente emparentado con el lorito de Senegal. Se ha conseguido ya su reproducción en cautividad, pero no con mucha frecuencia. Es preciso evitar que se crucen las distintas subespecies.

Caique
(Pionites melanocephala)

Color: Pecho blanco, cuello y muslos amarillos, alas de color verde, plumas verdes bajo los ojos.
Tamaño: unos 23 cm.
Distribución: Colombia, Venezuela, Perú, Guyana y Brasil. Vive en selvas y sabanas, así como en los bosques costeros; prefiere la parte más alta de los árboles.
Alimentación: Fruta, bayas y semillas.
Mantenimiento: Su voz es muy aguda y puede hacerse molesta; pero se acostumbra rápidamente a su dueño y le encanta jugar.
Particularidades: Se reconocen dos subespecies. Forma manadas o grandes grupos familiares, pero las parejas se apartan del resto durante la época de la reproducción. Estas parejas pueden mostrarse agresivas. Se ha logrado su reproducción en cautividad.

Loro de cabeza azul o cabeziazul
(Pionus menstruus)

Color: Predominantemente verde, con la cabeza y la nuca de color violeta azulado y la parte inferior de la cola roja; dos manchas negras a la altura de los oídos.
Tamaño: unos 28-30 cm.
Distribución: Costa Rica, Colombia, Perú. Brasil y Bolivia: bosques tropicales.
Alimentación: Frutas, bayas, semillas y flores.
Mantenimiento: Algo ruidoso, no picotea mucho. Al principio se muestra retraído, pero no tarda en aclimatarse. Le gusta mucho ducharse.
Particularidades: Se reconocen tres subespecies. Forma pequeños grupos, excepto durante la época de la reproducción, aunque a veces pueden reunirse más de cien individuos. Pueden ser muy ruidosos. Es algo sensible al estrés; se reproduce en cautividad.

Guacamayo de alas verdes, guacamayo rojo de alas verdes
(Ara chloroptera)

Color: Cuerpo predominantemente rojo, alas con coberteras verdes y azules. Mejillas casi desprovistas de plumas.
Tamaño: unos 90 cm
Distribución: Desde Panamá hasta Argentina, pasando por Colombia, Venezuela, Ecuador, Bolivia, Brasil y Paraguay; vive en las pluviselvas tropicales.
Alimentación: Frutos, semillas, bayas y hortalizas.
Mantenimiento: Ruidoso y no tan vivaz como los otros guacamayos; necesita roer asiduamente; fácil de cuidar; necesita mucho espacio.
Particularidades: Vive en parejas o formando pequeños núcleos familiares. Se reúnen en gran cantidad en los árboles que les proporcionan el alimento o en las paredes de limos ricos en minerales. Puede ser un animal muy tímido. Se ha conseguido su reproducción en cautividad.

Guacamayo azul y amarillo
(Ara ararauna)

Color: Predominantemente azul con el pecho amarillo; las mejillas están casi desprovistas de plumas y solamente cuentan con algunas hileras de pequeñas plumas.
Tamaño: unos 86 cm.
Distribución: Panamá, Colombia, Venezuela, Brasil, Ecuador, Perú, Guyana, Surinam, Bolivia y Argentina. Vive en bosques densos, pero también en zonas pantanosas y sabanas.
Alimentación: Frutas, bayas, semillas, flores y hortalizas.
Mantenimiento: Es un guacamayo muy vivaz y curioso; a veces puede ser muy ruidoso; necesita mucho espacio.
Particularidades: Vive en pareja o formando pequeños grupos familiares que raramente superan los veinte individuos; las parejas mantienen una relación muy estrecha. Se reproduce bien en cautividad.

Guacamayo noble
(Ara nobilis)

Color: Predominantemente verde, hombros rojos; carece de plumas alrededor de los ojos.
Tamaño: unos 30 cm.
Distribución: Guyana, Surinam, Venezuela hasta Brasil; abundante.
Alimentación: Semillas, frutos, bayas, y flores.
Mantenimiento: Puede ser muy escandaloso y necesita mucho material para picotear y roer. Al principio suele ser tímido, pero se acostumbra rápidamente a su dueño y se convierte en una estupenda mascota.
Particularidades: Se reconocen tres subespecies. Forma pequeñas manadas, excepto durante la época de cría. Es bastante tímido. Cuando vuelan en grupo gritan constantemente para mantenerse en contacto. Durante la época de cría se muestra muy agresivo con las demás aves. Se reproduce bien en cautividad.

Amazona frentirroja
(Amazona autumnalis)

Color: Predominantemente verde, frente de color rojo brillante, mejillas amarillas, coronilla azul.
Tamaño: unos 34 cm.
Distribución: Desde México hasta Ecuador, pasando por Nicaragua, Honduras, Costa Rica, Panamá, Colombia y Venezuela. Vive en los bosques húmedos de las regiones tropicales, en manglares y en zonas de cultivo. Todavía es relativamente abundante.
Alimentación: Fruta, semillas, bayas, brotes y flores.
Mantenimiento: Puede ser bastante ruidoso; se domestica con rapidez; necesita mucho material para roer; le encanta bañarse.
Particularidades: Existen cuatro subespecies; suelen vivir en pareja, pero también pueden formar grupos de hasta cien individuos; se reproduce bien en cautividad.

Amazona de frente azul
(Amazona aestiva)

Color: Predominantemente verde; zonas azules y amarillas en la frente, las mejillas y alrededor de los ojos; puede tener los codos rojos.
Tamaño: unos 37 cm.
Distribución: Brasil, Bolivia, Argentina y Paraguay; todavía es bastante abundante. Vive en bosques y palmerales, así como en zonas de sabana con árboles.
Alimentación: Bayas, frutas, semillas, flores y brotes.
Mantenimiento: Puede ser muy ruidoso; se domestica rápidamente; necesita mucho material para picar y roer.
Particularidades: Es el amazona más común en cautividad. Vive en pareja o formando pequeños grupos; se muestra poco tímido. Le gusta gritar en vuelo. Se reproduce frecuentemente en cautividad.

Amazona de frente amarilla
(Amazona ochrocephala ochrocephala)

Color: Predominantemente verde, la zona amarilla de la frente varía según las subespecies (ocho). En la subespecie nominal se extiende hasta la mitad de la cabeza; pico de color córneo.
Tamaño: unos 36 cm.
Distribución: Colombia, Venezuela, Guyana, Brasil y Trinidad. Vive en regiones con densos bosques tropicales. Las subespecies de América del Sur son muy abundantes, las de América Central tienen unas poblaciones más escasas.
Alimentación: Semillas, granos, fruta y plantas cultivadas.
Mantenimiento: Muy ruidoso, pero pronto se acostumbra a su dueño.
Particularidades: Vive en pareja o formando pequeños grupos. Su reproducción se ha conseguido en numerosas ocasiones.

Amazona de frente amarilla de Panamá
(Amazona ochrocephala panamensis)

Color: Esta subespecie del amazona de frente amarilla tiene la coloración amarilla limitada a la frente; el pico es negruzco.

Tamaño: unos 35 cm.

Distribución: Colombia, Panamá y algunas islas adyacentes; vive en bosques tropicales húmedos, y también en las proximidades de las zonas habitadas.

Alimentación: Frutas, bayas, flores, brotes. También se alimenta de plantas cultivadas, por lo que perjudica las cosechas y no se aprecia mucho su presencia.

Mantenimiento: Ruidoso; le gusta roer la madera; suele ser un buen imitador.

Particularidades: Su capacidad de «hablar» hizo que antiguamente fuese uno de los amazonas que se importaba con mayor asiduidad; vive en pareja o en pequeños grupos. Se reproduce fácilmente en cautividad.

Amazona de nuca amarilla
(Amazona ochrocephala auropalliata)

Color: Subespecie del amazona de frente amarilla; verde, puede tener una pequeña franja amarilla en la frente; tiene una franja amarilla más o menos ancha en la nuca. Su pico es oscuro.

Tamaño: unos 38 cm.

Distribución: A lo largo de la costa del Pacífico desde México hasta Costa Rica.

Alimentación: Fruta, bayas, hortalizas, brotes de árboles, a veces también cultivos.

Mantenimiento: No es tan frecuente como las demás subespecies; tiene una gran capacidad de imitación, pero es muy escandaloso; es muy robusto incluso durante la fase de aclimatación.

Particularidades: Le gusta vivir en pareja o formando pequeños grupos; se reproduce bien en cautividad.

Amazona de alas anaranjadas o alinaranja
(Amazona amazonica)

Color: Verde, algunas plumas pueden tener partes negras; mejillas y frente de color amarillo. Coronilla azul. Reflejos anaranjados en algunas plumas de las alas.

Tamaño: unos 31 cm.

Distribución: Desde los Andes hasta Brasil pasando por Colombia, Venezuela, Ecuador, Perú y Bolivia. Vive en zonas de bosques pero también frecuenta los parques y jardines.

Alimentación: Bayas, frutas, brotes, flores y semillas.

Mantenimiento: Medianamente ruidoso, y de carácter bastante reservado, no es especialmente hablador; se importa con frecuencia.

Particularidades: Se reconoce una subespecie; vive en pareja o formando pequeños grupos. Al anochecer se reúne en grandes manadas que suelen juntarse con las de amazonas de frente azul, de frente amarilla y otros. Se reproduce bien en cautividad.

17

Descendencia a la vista

Durante mucho tiempo, la mayoría de los loros han tenido fama de ser difíciles de reproducir en cautividad. Pero después de estudiar a fondo sus costumbres, su biología y sus necesidades ha sido posible obtener la reproducción en cautividad, incluso de las especies más difíciles. Algunas se reproducen con más facilidad que otras, pero su reproducción siempre depende de varios factores.

Preparación

Una vez analizados los requisitos previos (ver página 21), también usted podrá colocar un nido en la jaula de sus loros. Nidifican en el interior de cavidades, por lo que necesitan una caja de nidificación de madera cuyas dimensiones sean las adecuadas para la especie. A muchos loros no les importa que la caja esté colocada en posición horizontal o vertical, pero a algunos puede suponerles un problema. También hay parejas que prefieren nidificar en el interior de un tronco hueco; en estos casos conviene armarse de paciencia y tomarse las cosas con calma. La formación de la pareja también puede plantear dificultades. Algunos loros pueden ser muy exigentes a la hora de elegir a su pareja, pero también se dan casos de amor a primera vista. Cuando junte a una pareja por primera vez, será mejor que al principio los vigile de cerca para poder intervenir a tiempo en el caso de que se peleen. En la página 32 le explicamos cómo acostumbrar mutuamente a los loros.

Del cortejo a la crianza

En algunas especies, el cortejo nupcial puede iniciarse con un potente griterío y con un aumento de la agresividad hacia su cuidador. Otras optan por la discreción y el silencio. Durante el cortejo, prácticamente todas las parejas de loros se rascan mutuamente la cabeza, se hacen caricias con el pico y se dan de comer el uno al otro.

Juntos en cuerpo y alma: en las parejas de guacamayos, el darse de comer mutuamente es una señal de cariño y ayuda a reforzar la relación de pareja.

> En este joven yaco destacan mucho sus ojos negros. Cuando sea adulto los tendrá rodeados por un anillo blanco.

A tener en cuenta: No hay que retirar los huevos no fecundados, ya que éstos sirven de apoyo y fuente de calor para los polluelos. Tampoco es necesario limpiar el nido, y sólo hay que cambiar el sustrato si éste estuviese muy sucio. Para ello, coloque a los jóvenes loritos en un recipiente de plástico. Para estimular el crecimiento de los polluelos es muy recomendable darles los alimentos especiales preparados que venden en las tiendas de animales (ver página 40).

Concluido con éxito el cortejo nupcial, la pareja se aparea varias veces al día, emitiendo generalmente una especie de suaves pitidos. El macho monta a la hembra y ambos animales juntan sus cloacas. Al cabo de unos ocho días, la hembra deposita una puesta de dos a cinco huevos. La incubación varía según las especies, pero suele durar de 21 a 30 días. Generalmente la hembra incuba en solitario y el macho se ocupa de ir alimentándola. Si empiezan a incubar desde la puesta del primer huevo, la eclosión de éstos se producirá de forma escalonada.

Humedad del aire

Lo ideal es que la humedad no baje del 53%. La diferencia de tamaño entre los polluelos puede causarles problemas a los más pequeños. Asegúrese de que todos se alimenten por igual, al carecer de plumas es fácil reconocer su buche abultado.

Control del nido

A algunas parejas puede molestarles mucho que vigilemos sus puestas o sus nidadas. Si los adultos están en las proximidades puede suceder que incluso lleguen a matar a los polluelos. Pero también podemos efectuar los controles mientras la pareja disfruta de sus horas de vuelo libre y sin que ésta se dé cuenta. Si sostenemos a los polluelos con la mano, sus padres no se enterarán porque no pueden olerlo.

SUGERENCIA

Si no desea tener descendencia

➤ ¿Su hembra ha puesto huevos?
No le quite los huevos. Eso solamente la estimularía a volver a poner más.

➤ Ponga huevos falsos, de plástico o de piedra.

➤ Deje que la hembra incube esos huevos durante algún tiempo, eso no le hará ningún daño. Cuando vea que no sale nada de ellos no tardará en abandonar la incubación.

Cuestiones acerca del comportamiento y la reproducción

❓ Tenemos un amazona de frente azul muy manso. Nuestros vecinos se quejan de que cuando nos vamos a trabajar el loro se pasa el día gritando. ¿Cómo podríamos evitarlo?

Seguramente, su amazona se siente abandonado. Los animales domesticados suelen adoptar a su cuidador como una especie de compañero, por lo que les gustaría pasar mucho tiempo con él. El animal no comprende por qué tiene que pasarse la mayor parte del día solo, e intenta llamar a su compañero con todas sus fuerzas. Pregunte a sus vecinos si podrían quedarse al loro durante el día o, si le es posible, lléveselo al trabajo. Otra posibilidad sería comprarle a su amazona de frente azul un compañero de su especie del otro sexo.

❓ Nuestro amazona de alas anaranjadas criado a mano (papillero) se arranca las plumas verdes del pecho. ¿A qué puede deberse?

Muchas veces, al no tener contacto con sus congéneres durante la fase de desarrollo, los loros criados a mano presentan un comportamiento sexual anormal. Consideran al cuidador como su pareja y esperan de él todo lo que esperarían de otro loro, es decir, que usted esté junto a él durante todo el día y que lo cuide como compañero/a. El cuidador generalmente no puede hacerlo, pero el loro no lo comprende y esto le produce un gran estrés que le conduce a reacciones tales como el arrancarse las plumas. Las terapias suelen ser muy complejas. Consulte a su veterinario o a un especialista en loros.

❓ Tenemos un amazona de frente azul desde hace dos años. Es muy manso. Desde hace poco se muestra muy agresivo hacia mi padre, especialmente si está posado

Cuidándose el plumaje a dúo: esta pareja se conoce desde hace tiempo y lo hace todo a la vez.

en el brazo de mi madre. ¿A qué puede deberse?

La actitud de su loro corresponde a un comportamiento posesivo y territorial. El animal debe estar alcanzando su madurez sexual e intenta retener a su pareja sólo para él. En este caso es su madre. Este comportamiento es muy similar al de la pubertad de un chico joven y también se debe a los cambios hormonales.

Por desgracia, es frecuente que los animales no desistan de su empeño. Dado que su loro todavía es joven, le recomiendo que lo lleve al veterinario para determinar su sexo y que le proporcione una pareja adecuada. Ésta sería sin lugar a dudas la solución más lógica y natural. En caso de necesidad, será mejor que encierre al animal en su jaula cuando su padre entre en la habitación.

? Nuestra pareja de loros eclectus son unos animales muy mansos y los solemos dejar volar sueltos por toda la casa. Pero últimamente la hembra acostumbra a instalarse en el cajón superior del armario de la ropa. ¿Qué puede significar este comportamiento?

Seguramente su hembra está llegando a la madurez sexual. Dado que por lo visto la pareja se lleva muy bien, podría ser que estuviese buscando un lugar para anidar. Naturalmente, no es aconsejable dejarle que lo haga en el armario de la ropa. Es mejor proporcionarle un nido adecuado. Pero infórmese detalladamente acerca de cuáles son sus necesidades y cómo es el nido que necesita.

? Nuestros dos amazonas de alas anaranjadas suelen gritar con fuerza a primera hora de la mañana y al anochecer. ¿Por qué lo hacen?

A los amazonas también les gusta vivir en grupo o por lo menos en pareja. Y la única manera de reforzar sus relaciones y comunicarles a sus congéneres dónde hay comida o dónde hay un buen árbol para dormir es a base de un escandaloso griterío. Y todos se contestan mutuamente. Pero al cabo de un rato vuelven a calmarse. Explíqueselo a sus vecinos, pídales un poco de comprensión, mantenga las ventanas cerradas a esas horas y no abra las persianas demasiado pronto por la mañana.

Thomas Haupt

MIS CONSEJOS PERSONALES

Condiciones para la cría

➤ La cría de loros está regulada legalmente. En algunos países incluso es necesario contar con una autorización.

➤ Puede ser necesario que un veterinario inspeccione su instalación de cría, compruebe si dispone de zona de cuarentena y le proporcione un visto bueno oficial. Como zona de cuarentena suele bastar con un cuarto de baño.

➤ En algunos países también es necesario superar un examen oral sobre el mantenimiento de loros, sus enfermedades, protección...

➤ Antes de empezar a criar loros, infórmese detalladamente acerca de la legislación vigente en el lugar en el que vive. Así evitará situaciones embarazosas.

Un hogar confortable

Recomendaciones a la hora de la compra

La adquisición de un loro ha de ser una acción muy meditada. Ha de informarse bien previamente, estudiar las tallas y las exigencias de cada especie, y decidir cuál es la que

> Para que estos guacamayos enanos se sientan realmente a gusto habrá que alojarlos en una pajarera de grandes dimensiones.

más le conviene. Tómese su tiempo y visite varias tiendas y criaderos, observando dete-

nidamente sus instalaciones. Así verá rápidamente si los animales están bien mantenidos o si hay ejemplares enfermos. No adquiera nunca un loro donde vea ejemplares enfermos, por mucha pena que le den. Así no haría más que favorecer a los criadores poco serios y luego tendría que cargar con importantes gastos de veterinario.

¿Qué loro es el adecuado?

Los criadores y vendedores serios solamente comercializan animales sanos. Dado que los loros son animales que basan su defensa en la huida, procuran ocultar las enfermedades

el máximo tiempo posible para que no las detecten sus predadores. Observe a los loros durante un largo rato. Los ejemplares enfermos suelen estar semiinconscientes, generalmente tienen el plumaje erizado y permanecen en el suelo de la jaula. Si ve que un loro duerme mucho, aunque haya personas extrañas a su alrededor, no lo compre. La profesionalidad del vendedor también se manifiesta en su forma de cuidar y alojar a los loros. Si mantiene a un guacamayo en una jaula pequeña, alta y redonda es que no entiende nada de loros. Fíjese si éstos disponen de agua limpia y de suficiente alimento. Si ve

que tienen la jaula llena de suciedad, el comedero manchado de excrementos y están en un lugar oscuro, no los compre. Naturalmente, por muy serio que sea el vendedor, tampoco puede mantener a sus animales en enormes pajareras completamente estériles, eso también sería un error. Pero es fácil ver si la instalación se limpia a fondo con regularidad y si los animales disponen de espacio suficiente.

Un loro sano, como este amazona, deberá tener el plumaje liso y limpio.

Mejor en pareja

Si se desea tener un loro grande y que se domestique bien es recomendable adquirir un solo ejemplar y dedicarse mucho a él. Así se creará una relación muy intensa entre el animal y su cuidador. Pero tenga en cuenta que estas inteligentes aves no tardan en sufrir a causa del aburrimiento y de la ausencia de su cuidador. Piense bien si no sería mejor adquirir desde el primer momento dos ejemplares de la misma especie, instalarlos en una buena pajarera y disfrutar observándolos.

¿Joven o adulto?

Procure adquirir ejemplares jóvenes. Los jóvenes se adaptan mejor a un nuevo entorno y establecen una mejor relación con su cuidador. Es difícil determinar la edad de un loro. En muchas especies, los juveniles tienen similar coloración que los adultos y sólo son un poco más pequeños. Si los loros llevan una anilla cerrada, en él se podrá leer su fecha de nacimiento. Fíjese en que tenga todo el plumaje. Los loros jóvenes abandonan el nido con el plumaje completo.

Dado que conviene evitar estresar inútilmente a los animales, es muy importante asegurarse de comprar un ejemplar sano desde el primer momento (vea el recuadro de la derecha).

RECUERDE

Cómo reconocer a un loro sano

✔ ¿Tiene el plumaje completo? Las calvas son indicio de parásitos, de que otro loro le arranca las plumas o, peor aún, de que se las arranca él mismo.

✔ ¿Tiene en buen estado los cuatro dedos de cada pata y sus respectivas uñas?

✔ ¿Tiene la zona de la cloaca limpia y sin restos de excrementos?

✔ ¿Presenta excrecencias en el pico o en las patas? Podría estar infestado de ácaros.

✔ ¿Tiene las aberturas nasales despejadas, el pico limpio y no se observan secreciones en los ojos?

✔ ¿Tiene la quilla demasiado proyectada hacia delante? Si puede, palpe el pecho del loro. Los loros enfermos suelen presentar desnutrición y tienen el plumaje erizado.

Un buen hogar

El tamaño de los loros varía mucho de unas especies a otras, por lo que también necesitarán instalaciones distintas. No es lo mismo alojar a un majestuoso guacamayo de larga cola que a un pequeño lorito de Senegal.

Alojamiento

Pajareras: Son ideales para mantener a loros grandes, tales como los guacamayos. Es especialmente adecuada la combinación de zona resguardada con pajarera al aire libre. Así el animal puede volar a sus anchas y mostrar su comportamiento natural. Si la zona resguardada dispone de calefacción, podrá permanecer en la pajarera también durante el invierno. Otra alternativa son las pajareras de interior.

Jaulas: Han de ser lo suficientemente grandes como para permitir que el loro por lo menos pueda extender sus alas. Pero la jaula sólo servirá para que el animal duerma en ella y como lugar de reposo. Un loro de jaula necesita poder volar libremente con mucha frecuencia.

Forma: La forma ideal es la ortoédrica o cuadrada. Dado que las aves son animales huidizos, les gusta permanecer en una posición elevada. Apenas usan la parte inferior de la jaula. Cuide de que la cola del animal no se golpee constantemente contra la reja. ¡Olvídese de las jaulas redondas! Solamente son altas y no disponen de espacio suficiente.

> *Los loros viven mejor en una pajarera de interior que en una jaula, pero de todos modos necesitan salir a volar diariamente.*

> Es difícil que los loros de diferentes especies, como un yaco y un amazona, lleguen a congeniar realmente. Siempre es mejor tener un compañero de la misma especie.

Si la luz natural que le llega a través de la ventana es insuficiente, deberá instalar algunos fluorescentes del tipo luz de día. El espectro de su luz proporcionará bienestar a las aves y favorecerá el metabolismo de su plumaje.

Material: Solamente hay que emplear materiales que sean completamente atóxicos, ya que a los loros les encanta roer y picotear tanto las perchas de madera como los barrotes de la jaula. También es importante que la jaula sea fácil de limpiar. Las puertas grandes facilitan esas tareas. Los barrotes verticales son totalmente desaconsejables, mientras que los horizontales permiten que el animal trepe fácilmente por la jaula. En su tienda de confianza le asesorarán acerca del tipo de barrotes necesarios para cada especie de loro. Su

Ubicación: Coloque la jaula en un lugar en el que haya mucha vida familiar. Así los animales se sentirán acompañados y ocupados. La jaula o las perchas de la pajarera hay que colocarlas de forma que queden a la altura de los ojos de las personas. Así los loros podrán observar mejor su entorno. Una ubicación junto a una ventana, con algo de sombra, añadirá un poco de variedad a la vida cotidiana. Si una de las paredes de la jaula está tapada, se evitarán las corrientes de aire y el animal se sentirá más resguardado. No coloque nunca la jaula en el centro de una habitación.

SUGERENCIA

Ducha

Si los loros no aprovechan la oportunidad de bañarse en una cubeta de gran tamaño es porque a lo mejor prefieren una ducha. Llene una pequeña regadera con agua templada y duche suavemente a los loros. No es conveniente que hayan corrientes de aire. Los loros mostrarán su placer extendiendo las alas y emitiendo todo tipo de sonidos; se giran y se agachan para aprovechar hasta la última gota. Acostúmbrelos progresivamente a ducharse.

grosor dependerá de la potencia del pico del animal. Los guacamayos y las cacatúas tienen muchísima fuerza, por lo que unos barrotes finos no durarían mucho tiempo.

> Las ramas de distintos grosores proporcionan un excelente ejercicio para las patas.

Accesorios recomendables

Prepare el hogar del nuevo miembro de la familia con algunos días de antelación. Así se evitarán prisas y nervios, el animal permanecerá menos tiempo en la caja de madera y usted ya empezará a disfrutar. Los juguetes y decoraciones inútiles para el interior y el exterior de la jaula no sólo son caras, sino que pueden molestar al loro. Es mejor preparar una instalación funcional.

Equipo necesario

Perchas: Lo mejor es emplear ramas naturales. Pueden picotearlas a sus anchas, y su superficie irregular les obliga a ejercitar la musculatura de las patas y los pies. Picotear la corteza no sólo les sirve de distracción, sino que también les aporta minerales. Son especialmente adecuadas las de los frutales, nogal, abedul, álamo y pino. Emplee solamente madera que no haya sido tratada. Las perchas de plástico no son nada apropiadas. También hay que tener en cuenta que un exceso de perchas limita la libertad de movimientos del animal.

Comederos: Los comederos lisos de arcilla, plástico duro o acero inoxidable son los más fáciles de limpiar y no permiten que proliferen los gérmenes patógenos. En cada jaula o pajarera deberá haber por lo menos tres recipientes para poner por separado el pienso seco, el alimento germinado y el agua. No emplee recipientes demasiado grandes, ya que se perdería mucho alimento. No son aconsejables los comederos automáticos. Pueden taponarse e impedir que los animales reciban su alimento, o los loros pueden vaciarlos por completo para llegar hasta un determinado grano.

Sustrato: Es muy aconsejable emplear virutas de madera o granulado de paja. Son materiales mucho más absorbentes que la arena.

Baño: A algunas especies se lo podemos ofrecer en forma de una gran cubeta de terracota. Su empleo dependerá de los gustos de las aves. Sin embargo, el baño estimula su bienestar, les limpia las plumas y los induce a lavarse, actividades a las que dedican mucho tiempo. A continuación hay que dejarles que puedan secarse y acicalarse por completo. O sea, no hay que dejar que se bañen poco antes de la hora de irse a dormir, ya que podrían sufrir un enfriamiento. Si a su loro no le gusta el baño, a lo mejor disfruta con una buena ducha (ver página 27).

Juguetes: Les gustan mucho los juguetes de colores (ver tabla de abajo y página 52). Si tiene varios loros juntos, no es tan importante que dispongan de juguetes, ya que se entretienen mucho entre sí.

Los loros, como este caique, tienen mucha habilidad para sujetar los alimentos con la pata.

Juegos y entretenimientos

	Material y construcción	Diversión
Columpio	Comprado en la tienda o de construcción casera; sujete a la reja una percha colgada de unas cadenas.	Estimula su sentido del equilibrio, fortalece los músculos de las alas y las patas.
Cuerda para trepar	Colgar en la jaula o en la habitación una cuerda de fibra de coco comprada en una tienda de jardinería y a la que se le habrán hecho algunos nudos.	Para trepar, jugar y columpiarse; les gusta estirar de los nudos y de las fibras naturales.
Pelota de rejilla	Pelota de rejilla comprada en la tienda de animales; se rellena con frutos secos o trozos de manzana.	Les entretiene y les obliga a hacer un poco de ejercicio para conseguir la comida.
Manojo de ramitas	Atar unas ramitas de abedul con una cuerda, colgar el manojo en la habitación por la que suelan volar los loros.	Examinarán a fondo todas las ramitas; aún se divertirán más si descubren que entre ellas les hemos escondido alguna golosina.
Árbol para trepar	Sujetar firmemente algunas ramas gruesas en una maceta grande llena de arena o asegurarlas al techo (ver página 55).	Será su lugar favorito para aterrizar y desde allí contemplarán cómodamente todo su entorno; se pueden añadir hojas tiernas o frutas.
Baño	Instalar una fuente de interior con chorro de agua o una cubeta plana con agua.	Según le apetezca en cada momento, el loro se bañará, se duchará o intentará pescar.

Aclimatación

Para el loro, cada traslado a un nuevo entorno supone un estrés importante. Cuando lo lleve a casa, coloque la caja de transporte abierta ante la puerta de la jaula. Ésta ya deberá estar en su ubicación definitiva y estará provista de alimento y agua (ver página 26 y siguientes). Espere pacientemente hasta que el loro pase a la jaula voluntariamente. Esto puede durar algunos minutos. Concédale ese tiempo a su loro. Nunca hay que obligarlo a salir. El paso a su nuevo hogar deberá ser tranquilo y lo menos traumático posible. Así el animal no lo relacionará con nada negativo. La jaula deberá ser su hogar durante mucho tiempo.

> Con paciencia, constancia e ilusión se puede conseguir que la mayoría de loros lleguen a realizar algunos juegos.

Los primeros días

Deje al loro tranquilo durante el primer día y no manipule nada directamente en la jaula. Así podrá acostumbrarse a la nueva situación. En los días siguientes realice los trabajos rutinarios de su jaula de forma tranquila y sin hacer ruido. Háblele en un tono bajo para que vaya acostumbrándose a su voz. Háblele siempre que entre en la habitación o que vaya a hacer algo en su jaula. Lo importante es que el loro no se asuste y que se establezca una cierta rutina en su vida cotidiana. Así el animal sabrá a qué atenerse y estará preparado para ello. Acérquese con frecuencia a la jaula –al principio manteniendo una cierta distancia y acercándose luego cada vez más– y hable con el loro. Así pronto reconocerá su voz y empezará a establecer una relación de amistad con usted. No pierda nunca la paciencia. Si su loro se pone muy nervioso o se excita, aumente la distancia durante un par de días antes de volver a intentar aproximarse más a él.

Importante: No deje que el loro salga de la jaula antes de estar domesticado. No regresaría por sí solo y tendría que capturarlo. Esto no haría más que destruir la relación de confianza que estaba empezando a surgir entre ambos. La aproximación al animal y su domesticación siempre deberán tener lugar en la jaula. Pero tenga en cuenta que casi todos los loros son animales muy sociables. Cuando se haya domesticado y vea en usted a un compañero, también necesitará que le dedique mucha atención y mucho tiempo. Si usted no pasa demasiado tiempo en casa o va a tener pocas oportunidades de dedicarle a su mascota el tiempo que necesita, será mejor que vaya pensando en adquirir un segundo loro. De lo contrario sufrirá mucho de soledad. Un televisor tampoco es un sustituto válido. Dos loros también proporcionan muchas alegrías, suelen domesticarse sin problemas y pueden entretenerse entre ellos cuando usted esté fuera de casa. Pero antes deberá considerar qué animales desea tener, de cuánto espacio dispone para ellos y a qué costes va a tener que enfrentarse.

Toma de contacto

Establezca el contacto a la altura de los ojos y atraiga al loro con una golosina para que se acerque a la reja. Háblele en voz baja y en tono amistoso. Repita esto varias veces al día.

La curiosidad le vence

Cuando el animal tome la golosina a través de la reja y se deje acariciar, pruebe a hacerlo a través de la puerta de la jaula. Acérquese progresivamente y con paciencia. Vaya con mucho cuidado e intente acariciar al animal en el pecho.

Intento de aproximación

Cuando esto ya se le dé bien, intente que se le suba a la mano. ¿No? Inténtelo con una rama. Gratifíquelo siempre con una golosina. Cuando ya consiga hacerlo dentro de la jaula, inténtelo delante de ésta. No se aparte demasiado de la jaula, y luego vuelva a llevar al loro a su interior.

Grandes amigos

Ahora el loro ya ha aprendido que su mano le proporciona golosinas y que luego lo lleva de regreso a la jaula. Ahora ya puede empezar a hacer salidas por la casa. Pero nunca deje al animal solo y llévelo siempre de regreso a su hogar.

Loros en compañía

Su loro es un ave muy sociable. Necesita que le dedique mucho tiempo y muchas atenciones. Y esto suele ser difícil para nosotros, ya que generalmente trabajamos todo el día fuera

➤ *Por muy bien que se lleven, nunca hay que dejarlos a solas.*

de casa, tenemos familia y otras muchas obligaciones. Por lo tanto, lo mejor es mantener dos loros.

Acostumbrar a dos loros a vivir juntos

➤ Para buscar el segundo loro, diríjase al criador o a su tienda de confianza. Cuando haya localizado el ejemplar ideal, no lo compre de inmediato. Intente convencer al vendedor para que se lo deje «a prueba». Así podrá comprobar si ambos loros se toleran mutuamente. Generalmente los loros de diferentes especies se suelen llevar bien entre sí, pero no hablan el mismo «idioma». En el fondo, para dos loros de diferentes especies la convivencia es similar a la de nosotros con un perro.

➤ Pueden surgir problemas con los loros muy mansos y muy ligados a su cuidador. En sus congéneres ven más a un intruso que a un compañero.

➤ Tómese su tiempo para sociabilizarlos. Es aconsejable juntar a los animales en un terreno neutral. También se pueden colocar dos jaulas a corta distancia para que los loros empiecen a conocerse desde una distancia prudencial.

➤ Al principio, no pierda nunca de vista a los loros para poder intervenir a tiempo si fuese necesario. Lo mejor es hacerlo durante el fin de semana, así los miembros de la familia podrán ir turnándose para controlar de cerca lo que hacen los loros. En cualquier

Nunca sin vigilancia

➤ No deje nunca su loro a solas con el perro o con el gato, ya que es fácil que sus juegos, por inocentes que sean, acaben con serias heridas tanto para el loro como para el perro o el gato.

➤ A los conejos y los roedores no les interesan en absoluto las aves. Pero los animales nocturnos pueden molestar mucho a los loros durante sus horas de descanso, y éstos no dejarán dormir a los pequeños mamíferos durante el día, por lo que es mejor alojarlos en habitaciones diferentes.

caso, es importante disponer de suficiente espacio y que el animal de rango inferior tenga la posibilidad de retirarse si necesitase hacerlo.

Loros y niños

Los loros no son muy apropiados para los niños. Los niños pequeños no son capaces de ocuparse constantemente de un animal. Y algunos loros pueden propinarles picotazos muy fuertes. Además, los loros no son animales a los que se pueda acariciar constantemente y con los que se pueda jugar, como por ejemplo con un conejillo de Indias. Por lo tanto, hay que decidir en familia si se puede adquirir un loro, quién se va a ocupar de él y si se dispone de suficiente tiempo para el animal. También hay que considerar seriamente la posibilidad de comprar dos loros o de adquirir un segundo ejemplar para que le haga compañía al que ya tenemos.

Loros y otros animales domésticos

Generalmente, la convivencia con un perro no plantea problemas. Si el perro no tiene un instinto de caza demasiado desarrollado, dejará al loro en

Los loros grandes, como estos majestuosos guacamayos azul y amarillo, prefieren ir siempre en pareja.

paz. Los gatos casi siempre intentan cazar a las aves y suponen un gran peligro para los loros de menor tamaño. Pero también los juegos amistosos pueden hacer que ambas par-

tes acaben con heridas de consideración. Por lo tanto: manténgase siempre cerca de los animales cuando éstos estén juntos (ver recuadro de la izquierda).

Cuestiones acerca del alojamiento y la sociabilidad

¿Nos gustaría acompañar a nuestro yaco con una amazona? ¿Es aconsejable hacerlo?

En principio, no. La mejor compañía para el yaco será otro yaco. Así los animales tendrán unas mismas pautas de comportamiento, se comunicarán mejor entre ellos y la convivencia será mucho mejor para ambos. Pero antes lleve a su loro al veterinario para que determine el sexo. Esto se realiza por vía endoscópica, es decir, observando sus órganos sexuales con una sonda. También puede solicitar el análisis ADN de la sangre. Así podrá adquirir el segundo loro del otro sexo. Pero pídale al vendedor que se lo certifique por escrito, ya que el sexo de los loros grises no se puede determinar atendiendo a los caracteres externos. Déles mucho tiempo para que lleguen a conocerse.

A nuestro amazona de frente azul, Lora, lo tenemos en una jaula. Nos gustaría comprarle una pajarera de interior que mide 60 × 60 cm y tiene 1,50 m de altura. ¿Será suficiente para Lora?

Las dimensiones de la pajarera son poco adecuadas. Las medidas de 60 × 60 son suficientes, siempre y cuando el animal pueda salir al exterior con frecuencia. Pero la altura de 1,50 m es demasiado reducida. El animal estará siempre por debajo de la altura de nuestros ojos y no podrá observar lo que sucede a su alrededor. Además, toda la parte inferior de la pajarera será espacio perdido, ya que el loro estará casi siempre en lo más alto. Probablemente sería más práctico adquirir una jaula grande, con una base de las mismas medidas y colocada sobre un soporte con ruedas. Así podría cambiarla de sitio con facilidad y la base haría que el loro pudiese estar más alto, lo cual aumentaría su bienestar.

A los niños les encantan los loros domesticados, y el animal también disfruta estando con ellos.

? ¿En verano podemos dejar que nuestros amazonas de alas anaranjadas pasen la noche en la pajarera del jardín?

No se lo aconsejo. A menos que la pajarera cuente con un pequeño espacio protegido, existe el riesgo de que por la noche merodeen gatos o ratas que intenten llegar hasta los loros. Las rejas de malla doble son una buena protección. Por otra parte, a los amazonas les encanta saludar al nuevo día de una forma un tanto escandalosa. Y en verano amanece muy temprano. A la larga, estos conciertos matutinos acabarían con los nervios de incluso los vecinos más tolerantes y probablemente al final habrían problemas. ¡La solución es instalar una caseta que se pueda oscurecer! No deje que los loros salgan de ella antes de las nueve.

? Nuestra hija se lleva muy bien con nuestra cacatúa de penacho amarillo y le gustaría instalarla en su habitación. ¿Qué opina de ello?

No le aconsejo que lo haga. Por muy bien que su hija se entienda con la cacatúa, en el cuarto de los niños pasará demasiadas horas sola. Los loros han de vivir en las habitaciones en las que se desarrolle la mayor parte de la vida familiar. Así se sienten más integrados en la vida cotidiana y se aburren menos. Además, no es nada saludable que los niños respiren el polvillo que desprende el plumaje de la cacatúa mientras duermen.

? Hemos adquirido recientemente un guacamayo. ¿Cuál es la mejor forma de alojarlo?

Le recomiendo una combinación de pajarera interior y exterior. Así el animal podrá satisfacer sus necesidades naturales a sus anchas. Ante un habitáculo protegido del jardín, construya una pajarera de por lo menos 1 × 4 × 2 metros (ancho × largo × alto) a base de tela metálica muy fuerte. Cubra una parte con un tejado y deje el resto libre. Es aconsejable que la reja penetre por lo menos 30 cm en el suelo para evitar la entrada de roedores. En invierno, el animal deberá poder acceder a una zona protegida provista de calefacción. Aliméntelo solamente en el interior.

MIS CONSEJOS PERSONALES

Thomas Haupt

La elección

➤ Para hacerse una idea, visite varias tiendas o criaderos. Medite bien qué especie de loro es la que busca.

➤ Tómese tiempo para la adquisición del loro y observe detenidamente los ejemplares que le ofrecen para procurar detectar posibles enfermedades o problemas de comportamiento.

➤ Lo ideal es dar con un criador que disponga de varios ejemplares a la venta. Así es más fácil elegir con calma el animal adecuado.

➤ Algunos loros también eligen a su futuro dueño. Si un animal se acerca a usted por iniciativa propia y parece disfrutar de su compañía, no dude en que será una buena mascota.

➤ Antes de adquirir un loro es necesario solucionar el posible papeleo y comentarlo con la familia y los vecinos. Compre la jaula y sus accesorios con antelación para que todo esté listo en el momento de la llegada del animal.

Sanos y en forma

Sabroso y saludable

En la naturaleza, la mayoría de los loros se alimentan de frutas, granos y verduras. La fruta y la verdura forman la mayor parte de su dieta. Dado que en la naturaleza no maduran todos los frutos y semillas a un mismo tiempo, su alimentación es sumamente variada.

La cantidad adecuada

De ningún modo hay que dar a los loros alimentos que les gusten demasiado y que les hagan engordar con rapidez (como por ejemplo pipas de girasol, frutos secos o cañamones). Muchos animales se muestran muy selectivos con el alimento y dejan de lado los granos que menos les gustan. Por lo tanto, nunca hay que llenarles el comedero en exceso.

Es mejor que los animales se sientan un poco hambrientos y que se coman también los granos que les resultan menos apetecibles. Mezcle el alimento comercial para loros con alimento preparado para cotorras grandes. Así aumentará la proporción de semillas pequeñas y con bajo contenido en grasas. Éstas les proporcionan más trabajo a los loros y necesitan consumir una mayor cantidad para saciarse, lo que los mantiene muy ocupados. Su dieta ha de contener una mezcla equilibrada de semillas. Pocos loros consumen un exceso de trigo y avena.

Comprobar que estén frescas: Las semillas ricas en grasas es fácil que se pongan rancias; y los frutos secos y las semillas son propensos a los hongos. Esto puede provocarles unas infecciones de fatales consecuencias. Por lo tanto, nunca hay que darles alimentos viejos o que hayan estado almacenados durante demasiado tiempo. Además, éstos contienen menos vitaminas y oligoelementos. Para comprobar que las semillas están en buen estado, intente hacerlas germinar; las semillas viejas no germinan (ver página 40).

Fruta, verdura y similares

Es imprescindible proporcionarles frutas y verduras, y esto es lo que más se asemeja a su dieta natural. Son ricas en vitaminas y permiten ofrecerles una gran diversidad. Aunque sus loros prefieran algunas variedades muy concretas, es necesario que siempre les ofrezca también otras. Exceptuando la col, la lechuga tratada, el aguacate y las patatas, puede darles prácticamente de todo. Pero no les trocee demasiado la fruta y las verduras, ya que a los loros les resultaría difícil sujetar los trozos con la pata y acabarían aplastándolo todo.

> *El grano del mijo es muy pequeño, por lo que el loro tiene entretenimiento para rato.*

Lave bien la fruta y no la pele. Así las aves podrán comerla mejor. Después de comer la pulpa dejarán caer la piel. Para evitar la aparición de las molestas moscas de la fruta, es necesario eliminar los restos a diario, especialmente en verano.

Variedad: Se les puede variar la dieta de una forma interesante y nutritiva, ofreciéndoles pamplina, hojas de diente de león, ramas con hojas de árboles frutales o nogal, millo...

> El guacamayo emplea su potente pico con gran precisión y puede trocear muy bien la fruta que sujeta con la pata.

Las principales reglas de la alimentación

	¿Qué hay que hacer?
¿Dónde hay que ponerles la comida?	Lo ideal es emplear recipientes de cerámica o acero inoxidable, planos y con un gran diámetro. Son más fáciles de limpiar y no pueden romperlos con el pico. Hay que emplear un comedero distinto para cada tipo de alimento.
¿Cuándo hay que darles de comer?	El agua y la comida hay que renovárselos a diario, y aproximadamente a la misma hora, a ser posible por la mañana, que es cuando los loros están más activos.
¿Cuánto grano hay que darles?	Déles solamente la cantidad de grano que sean capaces de consumir, así no se dedicarán a elegir tan sólo sus granos favoritos.
¿Cuánta verdura hay que darles?	Los loros pueden saciarse diariamente con distintas variedades de verdura. Especialmente si no les damos demasiado grano.
¿Cómo se les da de comer?	Se puede poner la fruta y la verdura en el comedero troceada o entera, así los loros se mantendrán más ocupados.
¿Cada cuánto hay que darles de comer?	Hay que darles diariamente fruta, grano, verdura, y también alimento germinado. Lo mismo puede decirse del agua.

Alimento hidratado y alimento germinado

Los alimentos hidratados o germinados son muy nutritivos y fáciles de preparar en casa. Al hidratar los alimentos se consigue que sus nutrientes sean más fáciles de asimilar. Son especialmente aconsejables para animales que se están recuperando después de una enfermedad y para la crianza de los juveniles.

> De vez en cuando le podemos dejar que tomen un poco de fruta o müesli de la mesa.

Yo preparo los **alimentos hidratados** a partir del alimento comercial para loros complementado con judías hervidas, maíz, guisantes y alimento para palomas. Lo coloco todo en un recipiente grande con agua limpia y lo dejo reposar durante doce horas a temperatura ambiente. Lo escurro bien en un colador y se lo doy a los loros junto con fruta y verduras, algo de alimento para perros en pellets, alimento a base de insectos como fuente de proteínas o alimento comercial de huevo.

El **alimento germinado** empieza a prepararse del mismo modo, pero después de escurrir los granos se los vuelve a poner en remojo durante un día más. Luego se lavan bien y se coloca el colador con el alimento en una fuente, se cubre con una toalla y se deja así durante otro día más. Al cabo de 24 a 48 horas se verá como los granos empiezan a germinar. Es el momento de empezar a dárselos a los loros. Si se emplea este tipo de alimento a diario habrá que preparar varios coladores para disponer siempre de alimento fresco.

Cuidado: El alimento germinado se estropea y enmohece con facilidad. Si desprende mal olor o aparece una cobertura verdosa, tírelo. ¡No se lo dé a los loros!

Golosinas

En las tiendas de animales venden muchas golosinas para loros, tales como barritas o aros para picotear. A la mayoría de los loros les divierte mucho roerlas, pero el grano está pegado a las barritas con miel y éstas aportan muchas calorías. Por lo tanto, no hay que dárselas con demasiada frecuencia y conviene reducir un poco las raciones del alimento habitual.

A los loros les encantan los frutos secos en función del tamaño de su pico. Pero hay que dárselos en poca cantidad y controlando antes que estén en buen estado. Los frutos secos engordan mucho y pueden contener esporas de los hongos que producen la aspergilosis. Déles solamente frutos secos que también sean aptos para el consumo humano.

Vitaminas y minerales

Lo mejor es proporcionárselos mediante una alimentación variada y equilibrada. Pero no todos los animales aceptan por igual los alimentos que les ofrecemos. En especial los yacos tienen una gran tendencia a alimentarse de forma muy monótona. Generalmente ni siquiera prueban aquello que no conocen. Y esto puede provocar que ésta y otras especies de loros lleguen a sufrir estados carenciales de diversos nutrientes, a pesar de que el cuidador se los ofrezca regularmente. La necesidad de vitaminas y minerales también aumenta en épocas en las que

Con los ojos también se come: los frutos de color rojo ejercen una atracción irresistible sobre los loros.

su metabolismo es más activo, como durante el desarrollo, la muda o la producción de huevos. En su tienda habitual (o a través de su veterinario) podrá obtener los productos adecuados para añadirlos a la comida o al agua de beber, de una a dos veces a la semana. Aténgase estrictamente a las dosificaciones prescritas en el producto o por su veterinario, ya que los excesos pueden ser muy perjudiciales.

Agua fresca

A los loros hay que ofrecerles agua potable cada día, pero antes de llenar el bebedero hay que limpiarlo bien.

41

Cuidados básicos

Nuestros loros dedican varias horas del día a su aseo corporal. Es necesario dejar que lo hagan con tranquilidad, ya que el cuidado de las plumas no sólo los mantiene entretenidos sino que es muy importante para reforzar sus lazos sociales. En la naturaleza, el mantener un plumaje cuidado y que les permita volar perfectamente es pura cuestión de supervivencia.

Uñas y pico

Generalmente los loros se encargan ellos mismos del cuidado de sus pico y uñas (fotografías de la página siguiente), por lo que no hará falta recortárselos. Solamente habrá que intervenir en el caso de loros de edad muy avanzada o si no disponen de medios suficientes para desgastar sus uñas y su pico de forma natural. Coménteselo a su veterinario.

Limpieza doméstica

En cualquier caso, la limpieza de la instalación de los loros es responsabilidad de su propietario (ver recuadro de la derecha). Pero tampoco se trata de mantener una higiene exagerada. Un medio completamente estéril es perjudicial para los animales e impide que se desarrolle correctamente su sistema inmunitario.

Limpieza diaria: Los comederos y bebederos hay que controlarlos a diario, limpiarlos y rellenarlos. En verano es

> Hay que limpiar y colocar en posición hasta la más pequeña de las plumas.

RECUERDE

Calendario de cuidados

Diariamente:
- ✔ Controle el comportamiento de sus animales. ¿Está todo en orden? ¿Comen y beben todos correctamente?

- ✔ Renueve por completo la comida, el agua de beber y, si corresponde, también el agua del baño. Lave bien todos los recipientes con agua y jabón.

- ✔ Retire cada noche los restos de alimentos frescos o germinados y añada nuevos por la mañana.

- ✔ En verano, duche a los loros con una regadera con agua.

- ✔ Elimine los montoncitos de excrementos.

- ✔ Déjelos que vuelen sueltos y proporcione entretenimientos a los que viven en jaulas, en especial si es un ejemplar solo.

- ✔ En verano, ponga la jaula en el exterior pare que disfruten del aire libre y de los baños de sol, pero disponiendo siempre de un lugar para refugiarse a la sombra; también puede conectar los fluorescentes de luz de día (ver página 27).

Una vez a la semana:
- ✔ Limpiar los recipientes con grit o arena para pájaros y renovar su contenido. Limpiar la cubeta del fondo de la jaula con agua y jabón.

- ✔ Limpie perchas, ramas y juguetes con un cepillo grueso; cambie las ramas naturales cada dos semanas.

Una vez al mes:
- ✔ Limpie a fondo las rejas de la jaula con agua y jabón.

1 Limpieza del pico

Los loros no sólo emplean su pico para comer sino también para trepar, para sujetar cosas y para investigar. Al frotarlo contra las ramas lo alisan y se lo limpian, eliminando los restos de comida que podrían infestarse de hongos. El pico solamente hay que recortarlo en casos extremos, y será el veterinario el que se encargue de hacerlo.

2 Afilado de las uñas

Si el loro tiene las uñas demasiado largas, le pueden resultar molestas para apoyarse en las perchas y para sujetarse correctamente. Si le proporcionamos perchas a base de ramas naturales de diferentes diámetros y con la corteza áspera, las uñas se desgastarán por sí solas. Si fuese necesario recortarle las uñas, llévelo al veterinario.

especialmente importante retirar cada noche los restos de fruta y alimentos frescos.

Así, al día siguiente los loros no podrán comer restos de comida en mal estado. La limpieza también sirve para comprobar que todas las aves consuman agua y alimento. Para los loros, el pasar unos pocos días sin comer puede tener graves consecuencias. Si los animales comen mal o se comportan de una forma extraña es posible que estén enfermos.

Limpieza general: Para limpiar a fondo la instalación suele ser suficiente con emplear agua del grifo y un detergente neutro o un limpiador a base de vinagre. Lo mejor es que aproveche para dejar que sus loros disfruten de un rato de vuelo libre (ver página 54) mientras usted limpia su instalación. Así no los estresará inútilmente.

➤ El sustrato en el fondo de la jaula hay que cambiarlo por lo menos una vez a la semana y limpiar a fondo la cubeta.

➤ Las ramas y perchas hay que limpiarlas una vez a la semana con un cepillo grueso. Cada dos semanas se renuevan las ramas naturales, sustituyéndolas por otras nuevas y que aún tengan algunas hojas (ver página 28).

➤ Las rejas de la jaula hay que limpiarlas a fondo cada cuatro a seis semanas. Para ello, lo mejor es colocar la jaula en la bañera o en el jardín, y lavarla con la ducha o una manguera y un cepillo para eliminar toda la suciedad.

➤ Las pajareras es mejor limpiarlas en el jardín con la manguera. En lo más crudo del invierno puede ser suficiente con limpiar bien las rejas con un paño húmedo.

43

Prevenir enfermedades

Todos los loros están dotados de un pico relativamente grande que les permite defenderse bastante bien, pero en la naturaleza tienen enemigos bastante más fuertes que ellos y que constantemente los acechan como presas. Por este motivo, los loros procuran disimular lo mejor posible cualquier enfermedad o debilidad para evitar ser identificados como una presa fácil. Y esto supone una gran dificultad para su cuidador, ya que los loros tan sólo manifiestan estar enfermos cuando ya no pueden seguir ocultando su enfermedad.

Importante: Observe cada día si sus loros comen correctamente, si se comportan de forma extraña o si duermen más de lo habitual. Una buena forma de comprobar su estado de salud es palpando la musculatura torácica. En los animales sanos se nota perfectamente, mientras que los enfermos suelen perder mucha masa corporal porque la enfermedad consume mucho sus energías. Ante la duda, llévelo siempre a un veterinario que entienda de loros.

> *Trepar es una de las ocupaciones favoritas de muchos loros, pero para mantener en forma su circulación y su musculatura necesitan poder volar libremente. A ser posible, cada día.*

La lámpara calefactora proporciona calor a los loros enfermos y les ayuda a restablecerse.

Síntomas de enfermedades

Si un ave presenta alguno de los siguientes síntomas es señal de que está enferma:

➤ El animal se muestra apático o casi inconsciente.

➤ Está débil, adelgaza y se le marca mucho la quilla a pesar de que come bien. La enfermedad le hace consumir más energía de la que le aporta la alimentación.

➤ El loro suele tener el plumaje erizado, apenas se mueve y permanece en el suelo de la jaula. También puede suceder que duerma más de lo normal.

➤ Tiene dificultades para respirar, agita la cola.

➤ Sus excrementos no son compactos sino pastosos.

➤ La parte blanca de los excrementos, la orina, es clara y líquida.

Estos dos últimos síntomas reflejan una alteración digestiva o de la función renal.

Cómo cuidar a un loro enfermo

Si por algún motivo no le es posible acudir inmediatamente al veterinario, es posible ayudar al loro con las siguientes medidas.

Cuarentena: Separe al animal enfermo del resto de loros para minimizar el riesgo de un posible contagio. También es necesario proporcionarle mucha calma y tranquilidad, así evitará que se estrese y que consuma energías inútilmente.

Calor: La habitación deberá estar aproximadamente a unos 24 ºC. Coloque una lámpara de luz infrarroja, de modo que irradie a la mitad de la jaula para que el animal pueda refugiarse en la otra mitad cuando lo desee. Esto le proporcionará el calor que necesita. La distancia hasta el animal deberá ser tal que si usted coloca la mano a la altura del loro note un calor agradable. La lámpara puede estar conectada día y noche, pero para que el loro pueda dormir es necesario oscurecer con un paño la parte de la jaula que no está expuesta a la radiación.

Acolchado protector: Conviene acolchar el suelo de la jaula con una toalla para evitar que el loro enfermo pueda lastimarse si se cae de una percha.

SUGERENCIA

Lo importante es prevenir

➤ Procure dedicar cada día un rato a observar a sus aves sin que éstas se den cuenta. Así apreciará rápidamente si se comportan de modo extraño, si manifiestan síntomas de enfermedades, si tienen heridas o si sus excrementos son anormales.

➤ Las aves que viven en pajareras al aire libre es necesario desparasitarlas regularmente para eliminar posibles gusanos.

➤ No dude en acudir al veterinario. Una enfermedad no tratada le supone al animal un estrés mucho mayor que el de ir al veterinario en un transportín cerrado.

45

Alimentación sana: Hay que colocar el agua y la comida de modo que el loro pueda acceder a ellas sin esfuerzo. Si el animal no come por sí solo, puede ser necesario alimentarlo con una jeringa (sin aguja) y papillas comerciales para cría a mano de loros. Pero asegúrese de que el loro traga bien y luego límpiele bien el pico para eliminar restos de

El ejercicio de picotear las ramas y la corteza ayuda a que el loro se mantenga sano y en forma.

comida y evitar la aparición de hongos.

Visita al veterinario

Muchas veces resulta imprescindible ir al veterinario (ver tabla de enfermedades en la página siguiente). Si va a llevar al loro en su jaula en vez de en un transportín, no la limpie. Así el veterinario podrá ver cómo son los excrementos del animal. Si se actúa a tiempo, es posible tratar al animal mediante los medicamentos adecuados. Pero si espera demasiado no hace más que empeorar la situación. Si su loro presenta síntomas de pulmonía, con abundante lagrimeo y flujo nasal, existe la posibilidad de que haya enfermado de psitacosis (ornitosis).

Cuidado: La psitacosis se transmite fácilmente a las personas. Si una persona que tiene aves en casa sufre un resfriado muy fuerte, deberá decírselo a su médico de cabecera. La psitacosis es una enfermedad que hay que declarar obligatoriamente y que requiere una estricta cuarentena. El veterinario oficial será el que decida las medidas a aplicar.

Botiquín de emergencia: Es recomendable tener a mano un pequeño botiquín. En él deberá incluirse el número de teléfono del veterinario, gasas, una pequeña tijera, pomada de iodo de uso veterinario, glucosa para un rápido aporte energético y una lámpara de infrarrojos.

Recorte de alas

El recortarles las alas a las aves para evitar que se fuguen siempre ha sido un tema muy discutido. Yo no lo recomiendo. Si bien así se pueden sacar tranquilamente a los animales domesticados y ofrecerles un poco más de variedad, el riesgo de que se caigan y se lesionen es muy grande. Además, las plumas les crecen a distintas velocidades. Muchas veces, las aves ya son capaces de planear o de aletear sin que su cuidador haya llegado a darse cuenta. En caso de asustarse, un ave que presuntamente no debería poder volar es capaz de aprovechar un viento favorable para emprender el vuelo. Y le aseguro que es casi imposible recuperar a uno de estos fugitivos. Hoy en día una buena opción son los collares o arneses para aves. Lleve a los loros solamente en un transportín bien cerrado.

Las principales enfermedades

Síntomas	Posible enfermedad y sus causas	Tratamiento
Región cloacal sucia de excrementos, excrementos deshechos, el animal se muestra apagado.	Diarrea, infección o parasitosis, consumo de alimentos inadecuados o en mal estado.	Alimentarlo con plátano y tierra curativa, llevarlo al veterinario antes de 24 horas.
Amodorramiento, inconsciencia, parálisis, calambres.	Conmoción cerebral causada al chocar contra un vidrio.	Llevarlo al veterinario, mantenerlo en un ambiente tranquilo y oscuro, proporcionarle calor.
Plumaje hinchado, duerme mucho, no come, amodorrado, sin fuerzas.	Infección generalizada causada por virus, hongos o bacterias.	Darle calor con luz roja y llevarlo al veterinario para esclarecer las causas.
Vómitos, pico sucio, rechazo del alimento.	Infección del buche causada por hongos, bacterias o parásitos, o debida a un cuerpo extraño.	Llevarlo al veterinario para que determine las causas y le recete el tratamiento adecuado; puede ser necesario realizar una intervención quirúrgica.
La hembra presiona con fuerza sin llegar a defecar, parálisis progresiva de las patas.	Retención de huevos, la hembra no puede desovar (ver página 49).	El veterinario intentará extraer los huevos, es posible que tenga que intervenir quirúrgicamente; el calor húmedo estimula el desove.
Grandes ampollas por todo el cuerpo.	Rotura de los sacos aéreos a consecuencia de una lesión.	Intervención quirúrgica.
Ruidos al respirar, insuficiencia respiratoria, apatía, frotamientos con la cola.	Pulmonía o aspergilosis (tipo de micosis).	El veterinario deberá realizar una exploración radiográfica, antibióticos, lámpara calefactora, aire limpio.
Plumaje apelmazado, cambios anormales de coloración, muchas plumas por la jaula.	Problemas de muda debidos a alteraciones metabólicas o a estados carenciales de vitaminas o minerales.	Aire libre, luz solar, fármacos para mejorar el metabolismo.
Estornudos frecuentes.	Accesos de estornudos causados por un aire demasiado seco y con polvo en suspensión, olores fuertes o cuerpos extraños en las fosas nasales.	Examinar las fosas nasales y retirar los posibles cuerpos extraños; aumentar la humedad relativa del aire.
Respiración pesada y ruidosa, flujo nasal y lacrimal.	Psitacosis o ornitosis (trasmisible al hombre).	Veterinario o servicio oficial de veterinaria (es obligatorio dar parte).
Plumaje apelmazado, calvas, inquietud, prurito.	Parásitos, ácaros de las plumas transmitidos por otros pájaros o por las ramas.	Tratamiento veterinario para los animales y su entorno.
Presión intensa, aumento del diámetro abdominal, insuficiencia respiratoria.	Tumor hereditario, virus o una mala alimentación.	Lámpara calefactora, a veces puede ser necesario intervenir quirúrgicamente.
El animal presiona con fuerza pero no defeca.	Estreñimiento debido a una mala alimentación.	Exploración radiográfica, posible lavativa.
Excrementos incoloros, mucha pérdida de líquidos.	Enfermedades renales debidas a una mala alimentación y a la dureza del agua.	Cambio de alimentación y tratamiento veterinario.

Cuestiones sobre los cuidados y la salud

? Nuestro loro gris tiene aspergilosis. Diariamente tenemos que administrarle un antimicótico. ¿Cómo podemos hacerlo?

La aspergilosis es una enfermedad causada por hongos y que afecta frecuentemente a los yacos, ya que éstos suelen comer poca fruta, les faltan vitaminas y el aire seco de nuestras casas hace que se les seque la mucosa de los sacos aéreos. Y el hongo se aprovecha de ello. Entonces es necesario medicar al animal durante unos 14 días. A lo mejor se puede tomar el fármaco mezclado con un poco de yogur o inyectado a una uva. Si no lo hace, envuelva al loro con una toalla, sujete la cabeza por detrás, aguantándola con los dedos pulgar e índice en la articulación del pico, y viértale las gotas de medicamento en el pico, empleando para ello una jeringuilla sin aguja. Asegúrese de que el animal se lo traga.

? Nuestro loro eclectus vive en una gran pajarera de interior y lo dejamos volar libremente de forma frecuente. Pero le han crecido demasiado las uñas y quisiéramos llevarlo al veterinario para que se las recorte. ¿Podemos llevarlo simplemente en brazos? No. El riesgo de que emprenda el vuelo es demasiado grande. Es fácil que se asuste por algo, y una vez en el aire no tardará en perder la orientación. Generalmente es muy difícil recuperar al animal. Para el transporte puede emplearse una caja de madera cerrada, un transportín para gatos o, si no se dispone de otra cosa, incluso una caja de cartón. Así el animal no se lesionará y a la vez estará a salvo de las corrientes de aire.

? Mi amazona de frente azul es muy manso y cuando lo dejamos suelto viene a la mesa para pedir que le demos algo. ¿Qué cosas no debemos darle de ningún modo?
Éste es un problema frecuente con los animales domesticados. Les gustaría comer lo mismo que nosotros. Se puede aprovechar la circunstancia para que empiecen a comer alimentos nuevos, pero deberemos ser capaces de comerlos también nosotros. Sin embargo, existe el riesgo de que luego sólo quieran comer

La mejor forma de garantizar un buen aporte vitamínico es ofreciéndoles fruta abundante y variada.

en la mesa. Jamás hay que darles alcohol, café o alimentos muy condimentados. También les perjudica el exceso de grasa y de azúcar. Es mejor darle un trocito de pan o un poco de yogur, y luego llevarlo a la jaula para que coma su alimento habitual.

? A nuestro loro de nuca amarilla, Nora, se le aprecia un aumento de volumen. ¿Puede ser que se trate de huevos y que tenga retención?

La retención de huevos es una enfermedad aguda. El huevo tarda unos días en pasar desde el ovario, en el que se ha formado, hasta la cloaca. Allí se forma su cáscara calcárea. Cuando llega al final del oviducto tiene que ser expulsado al exterior. La hembra suele colocarse en una cavidad o en un rincón de la jaula y presiona para poner el huevo. Si no lo consigue, no tardarán en surgir problemas. Es necesario realizar una exploración radiográfica para comprobar que realmente se trata de un huevo. También podría ser un lipoma, o sea, una acumulación de grasa. Este tipo de tumores suelen ser benignos pero retrasan mucho el crecimiento del animal. En sus primeras fases es posible eliminarlos mediante una intervención quirúrgica.

? Nuestro loro de frente amarilla se arranca muchas plumas. También las plumas de su cabeza tienen un aspecto anormal. ¿Qué le pasa?

Cuando el loro se arranca las plumas suele deberse a un problema psicológico, aunque muchas veces es difícil determinar la causa. El proceso se convierte en un círculo vicioso, ya que las plumas que empiezan a salir le pican y el loro empieza a arrancárselas. A veces incluso les gusta el sabor de la sangre que sale. Se puede intentar solucionar la situación a base de mucha paciencia, fármacos para mejorar el metabolismo y ocupándose de que esté siempre ocupado en otras cosas. Pero el hecho de que se aprecien cambios en las plumas de la cabeza me da qué pensar. Es un lugar del que el animal no puede arrancárselas él solo. Por desgracia, las cacatúas pueden sufrir una infección vírica que destruye todo el plumaje. Llévela al veterinario para que aclare las causas mediante un análisis de sangre.

MIS CONSEJOS PERSONALES

Thomas Haupt

¿Qué hacer durante las vacaciones?

➤ Busque con tiempo a alguien que pueda hacerse cargo de sus loros. Explíquele claramente los cuidados que necesitan y déle por escrito todos los detalles acerca de su alimentación.

➤ No le exija demasiado. No pasará nada si durante unas cortas vacaciones nadie los suelta para que vuelen libremente. Podría suceder que los animales no quisieran volver a la jaula.

➤ Compre con antelación el pienso, la fruta y las golosinas necesarias.

➤ Limpie a fondo la jaula antes de su partida. A ser posible, junto con la persona que se encargará de cuidarlos.

➤ Si solamente se va a ausentar durante uno o dos días, no hace falta que nadie le cuide los loros. Bastará con que les deje los comederos y bebederos bien llenos. Pero tenga en cuenta que los loros muy domesticados pueden sufrir mucho de soledad.

➤ Deje siempre el número de su teléfono móvil, así como los datos de su veterinario.

Actividades

Aprender y jugar

Como ya explicamos al principio, la mayoría de loros viven formando pequeñas manadas o por lo menos en pareja. De esta forma apenas tienen tiempo para aburrirse, ya que los animales cuidan mucho sus contactos sociales y tienen que dedicar muchas horas a la búsqueda de alimento. También tienen que ocuparse del apareamiento, del cuidado de los polluelos y de protegerse de los predadores. Pero todo esto suele desaparecer cuando viven en la jaula o pajarera. Y entonces es muy fácil que se aburran, sobre todo porque nosotros no podemos ocuparnos de ellos durante todo el día. Es cierto que dedican bastante tiempo a descansar y a su higiene personal, pero si su entorno cuenta con algunos accesorios adecuados les picará la curiosidad y sentirán ganas de jugar. A muchos loros les encanta entretenerse con los juguetes que les ofrecemos.

Juguetes seguros: Deberán ser de madera, de metal o de un plástico muy resistente. Asegúrese de que no incluyan piezas pequeñas que los loros puedan desmontar y tragarse. También puede suceder que a los loros se les enganche el pico en aros dobles y anillas como las de los llaveros. Pueden tragarse trozos de lana, de cordel o enredarse sus patas en ellos. En las tiendas de animales encontrará juguetes inofensivos y diseñados especialmente para loros.

También puede construir usted mismo los juguetes para

> *Gratifique al loro con una golosina cada vez que haga lo que usted espera de él.*

Así aprende su loro

➤ Si quiere que su loro aprenda una palabra, repítala siempre que se acerque a él.

➤ Emplee siempre el mismo tono de voz y, si le es posible, repítale las mismas palabras en las mismas circunstancias para que pueda relacionar vocablos y situaciones. Por ejemplo, por la mañana puede decirle «Buenos días», pero sólo entonces.

➤ A lo largo del día puede repetirle otras palabras que no deban guardar relación con nada.

➤ Empiece con palabras cortas y sencillas, y vaya progresando paulatinamente. No pase a otra palabra hasta que haya asimilado bien la anterior.

➤ Cuanto menos se pueda distraer el animal, más se concentrará en lo que usted le enseña.

➤ El loro se concentra mejor en sesiones cortas que en clases muy largas.

➤ Al loro es imposible obligarle a nada. No practique nunca con prisas o estando de mal humor, ya que el loro captará inmediatamente su estado de ánimo y no le hará caso.

➤ No se preocupe si su loro no llega a hablar. Seguro que tiene otras facultades.

1 ▷ Juegos favoritos

También los loros tienen sus juguetes y accesorios favoritos. En cuanto el loro considera a un juguete como su favorito, se pasa la mayor parte del tiempo con él. Si consigue que se entretenga mucho con estos accesorios, logrará que no se interese tanto por los muebles de la casa.

2 ▷ Inspección de los juguetes

Para que a los loros no les juegue ninguna mala pasada su innata curiosidad, es necesario inspeccionar con frecuencia todos sus juguetes y accesorios y eliminar aquellos que ya no estén en condiciones de uso. Les suponen un gran peligro las piezas pequeñas, como las fibras y cordeles, ya que podrían llegar a tragárselas.

que se entretenga su loro (ver tabla de la página 29). Una buena idea consiste en pasar una cadenita por trozos de madera natural teñidos con colorantes para alimentos. El costo es prácticamente nulo y el loro disfrutará de lo lindo royendo la madera.

Aprendizaje: Muchas de las personas que adquieren un loro lo hacen atraídas por su capacidad para repetir palabras. Pero no todos los loros llegan a aprender a hablar. Existen muchas diferencias de unas especies a otras, e incluso dentro de una misma especie pueden encontrarse individuos con aptitudes muy distintas. Algunos loros casi nunca llegan a hablar, pero son especies muy interesantes y que se domestican con facilidad. Los yacos suelen ser capaces de aprender un buen repertorio de palabras, pero son animales tozudos y poco flexibles, por lo que resulta difícil cambiarles la alimentación y se adaptan mal a las mudanzas de casa. Los amazonas –y muy especialmente las especies de frente amarilla– llegan a hablar bastante, pero son animales muy chillones y

ruidosos, por lo que pueden resultar molestos.

Generalmente se aplica esto: si usted quiere que su loro aprenda a hablar o que llegue a realizar algunos «numeritos», va a tener que dedicarle mucho tiempo y mucha paciencia. Es importante repetir constantemente las cosas y realizar ejercicios de corta duración (ver recuadro de la izquierda).

Descubra cuál es el talento de su mascota y ayúdele a desarrollarlo, se divertirán ambos y el animal se sentirá muy feliz.

Excursión por la casa

A pesar de que los loros de cola corta, como los amazonas y los yacos, prefieren trepar, el vuelo forma parte de la vida de todos los loros. Por lo tanto, a menos que vivan en una pajarera lo suficientemente amplia, habrá que proporcionarle la oportunidad de que vuelen libremente. Esto los mantiene en forma, les permite ejercitar su musculatura y romper la monotonía de la vida en la jaula.

> Un columpio es un excelente lugar de descanso durante los ratos en que el loro está suelto por la casa.

Antes del primer vuelo libre

Para poderlos dejar volar libremente es necesario que los animales estén lo suficientemente domesticados como para que se posen sobre la mano (ver páginas 30 y 31). Pues en algún momento habrá que devolverlos a la jaula y si no están domesticados habrá que intentar capturarlos por toda la casa, lo cual inmediatamente anulará la confianza que pudiesen haber depositado en su cuidador. Los loros deberán conocer la habitación y tendrán que ser capaces de orientarse bien en ella. Es importante que haya buena luz y que cuente con suficientes lugares en los que puedan posarse. Retire previamente todo aquello que pueda suponer un peligro, para que los loros no se lastimen ni destrocen nada (vea el recuadro de la derecha). Todas las personas que estén en la casa deberán saber que los loros van a estar sueltos, así nadie abrirá una ventana o una puerta. Si un loro llega a fugarse es casi imposible recu-

perarlo. Para evitar problemas, mientras los loros están sueltos es mejor que los perros y/o gatos permanezcan en otra habitación. Esté presente durante todo el rato que sus loros estén sueltos, así podrá intervenir de inmediato si surge alguna complicación. Nunca persiga a sus animales para mantenerlos en forma. Las aves necesitan tiempo para ejercitar sus músculos. Cuando usted esté fuera de casa, los loros deberán quedarse en la jaula. Ése es un lugar seguro en el que no les pasará nada y no podrán causar destrozos.

Regreso a la jaula

Al principio siempre hay que poner alguna golosina en la jaula y no alimentar nunca al loro mientras esté suelto. Así, la mayoría regresan a su jaula en cuanto tienen hambre. O acuden a la mano de su cuidador para que éste los lleve a la jaula. También podemos facilitarles el regreso colocando una pequeña percha delante de la jaula. En caso de extrema necesidad, si un loro se niega rotundamente a volver a la

> *Un lugar ideal para aterrizar junto a la mesa de la cocina: cuando los loros están sueltos también les gusta estar cerca de la gente.*

INFORMACIÓN PRÁCTICA

Vuelo libre y seguro

➤ Mantenga las puertas y ventanas cerradas. Los loros también pueden fugarse por las ventanas abatibles o quedar aprisionados al cerrarse bruscamente una puerta.

➤ Las primeras veces, cierre las cortinas de las ventanas o baje las persianas para que las aves no choquen contra los vidrios.

➤ Pueden ahogarse en floreros, ollas, lavabos, lavadora... Cierre o cubra bien todos estos posibles peligros.

➤ Pueden quemarse con la plancha, la chimenea, la cocina, las estufas, las velas...

➤ A los loros les encanta investigar los agujeros y los cajones, por lo que corren el riesgo de quedar encerrados. Cierre bien todos los armarios, las cómodas...

➤ No deje a su alcance sustancias tóxicas tales como alcohol, disolventes, productos de la limpieza, abonos, lejía, plomos de las cortinas...

➤ Retire las plantas venenosas (ver página 59) tales como hiedra, diffenbaquia, jacintos, vincapervinca, adelfa, filodendro, estrella de Navidad... También pueden resultar muy peligrosas las espinas de los cactus.

jaula se puede oscurecer la habitación y aferrarlo con un paño. Así el animal no relacionará con usted lo sucedido.

Establecer puntos de interés

Si quiere que las sesiones de vuelo libre discurran con un cierto orden, coloque perchas y zonas de juegos en lugares concretos de la habitación. Así también protegerá su mobiliario, ya que el loro preferirá roer unas ramas naturales en vez del armario. Pero siempre existe la posibilidad de que se produzca algún pequeño destrozo.

Árbol para trepar: Lo mejor es emplear un tronco de árbol frutal, sujetarlo con el pie de un árbol de Navidad, colocarlo en una maceta grande y poner algunas piedras grandes para darle mayor estabilidad. A él se pueden afirmar juguetes tales como escaleras, columpios, campanas y cuerdas, así como ramas tiernas con brotes y hojas. Los loros pueden mantenerse entretenidos durante horas.

Zona de juegos: Empalme varias ramas y escaleras entre sí y móntelo todo sobre una tabla de madera con borde. Añádale algunos juguetes y habrá creado un lugar de diversión para sus loros. Cuando los loros acudan ahí, sus excrementos caerán en la bandeja de madera y no ensuciarán el suelo ni los muebles.

Cuestiones sobre el vuelo libre y los juegos

Nos hemos quedado un yaco que ya tiene una cierta edad. ¿Puede seguir aprendiendo cosas o es que las ganas de jugar y la capacidad de aprender disminuyen con los años?

Todo depende de cómo haya sido la vida del loro hasta ahora. Si el animal está acostumbrado a que sus cuidadores se ocupen mucho de él e incluso le han enseñado algunos juegos, puede seguir aprendiendo muchas cosas a pesar de la edad. La inteligencia no disminuye con los años. Pero si antes nadie se había preocupado de enseñarle nada, es di-

fícil que ahora se le pueda animar a aprender, ya que simplemente no conoce ese tipo de ocupaciones. Pero, naturalmente, también influirá mucho el carácter individual del loro. Algunos loros están más dotados que otros.

¿Cómo puedo saber si los ejercicios que le propongo a mi loro son excesivos para él?

Los loros tienen una gran capacidad de aprendizaje, pero son difíciles de educar. Lo mejor es trabajar con la conducta condicionada, es decir, darles una golosina de premio cada

vez que hagan bien lo que se les propone. Cuando el animal se cansa suele abandonar el ejercicio por su cuenta. Es mejor realizar varios ejercicios breves a lo largo del día que pretender enseñarle algo durante una hora. Si el animal se cansa y se siente hostigado, puede manifestarlo mostrándose inquieto e incluso dando algún picotazo. Es el momento de tomarse un descanso.

A nuestros amazonas de frente amarilla les encanta pasar horas sueltos por casa. ¿Pero cómo podemos evitar que estropeen y ensucien los muebles con el pico, las uñas y sus excrementos?

Las sillas y los muebles tapizados es mejor cubrirlos con una manta vieja o con toallas. Así no los estropearán con las uñas y tampoco los picotea-

Al volar, esta hembra de loro eclectus luce su espléndido colorido.

rán. Sus excrementos no huelen y muchas veces nos pasan desapercibidos. Lo mejor es cubrir con papel de periódico las zonas más sensibles o bien todo el suelo de la habitación. Luego sólo habrá que recogerlo.

¿Se entretendría nuestro loro eclectus con un espejo? ¿Debemos comprarle uno? ¡Tenemos ganas de proporcionarle algo que le guste!
Les aconsejo que no lo hagan. Un espejo nunca podrá sustituir la compañía de su cuidador o de otro loro. Lo mejor es prestarle mucha dedicación al animal. Es mejor repartir media hora a lo largo del día que dedicarle una hora seguida. Piense también en la posibilidad de conseguirle un compañero (ver páginas 32 y 33). Los loros eclectus viven en pareja y es fácil conseguir ejemplares nacidos en cautividad.

Cuando nuestra cacatúa Coco está suelta por la casa se dedica a picotear la parte superior de las puertas. ¿Qué se puede hacer para evitarlo?
Éste es un asunto difícil. A pesar de que los loros son animales muy inteligentes, no es posible educarlos como a un perro. Generalmente se obtienen buenos resultados disparando un chorrito con una pistola de agua. Es algo que no les gusta nada. Cuando lo haga, dígale en voz alta «¡No!». Así el animal relacionará la palabra con lo que no ha de hacer. Si esto no funciona, cubra los cantos de las puertas con una placa metálica. Pero tenga cuidado de que las puertas no puedan cerrarse bruscamente con el loro encima, ya que éste podría sufrir serias lesiones, especialmente en los dedos.

Mi amazona frentirroja está muy bien domesticado e incluso toma golosinas de mi boca. ¿Podría llegar a contagiarle un resfriado a mi loro?
Puede suceder. A veces los loros se muestran muy sensibles a nuestros gérmenes patógenos, y éstos se transmiten con la saliva. También pueden enfermar a causa de las bacterias que nosotros tenemos en la boca. Por lo tanto, es mejor evitar el contacto con la boca y darles las golosinas con la mano.

Thomas Haupt

MIS CONSEJOS PERSONALES

¿Qué hacer en caso de fuga?

➤ Tómese las cosas con calma y no intente capturar al animal con prisas o con brusquedad. Tranquilícele, hablándole en voz baja, e intente atraerlo ofreciéndole alguna golosina.

➤ Ponga su jaula en un lugar bien visible y coloque en su interior alguna golosina como cebo.

➤ A veces puede dar buen resultado mojar al loro con el chorro de una manguera (incluso recurriendo a los bomberos, si fuese necesario) para que no pueda seguir volando. Luego captúrelo y lléveselo rápidamente para secarlo. Es mejor hacerlo al sol o en una habitación con calefacción.

➤ Cuando un loro se fuga es muy raro que regrese, ya que no conoce el entorno y no se sabe orientar. Para prevenirlo es mejor colocar la jaula frecuentemente al aire libre. Así irán conociendo el entorno de la casa y del jardín, se acostumbrarán a los ruidos del exterior y luego no se asustarán con tanta facilidad.

LA ALEGRÍA DEL BAÑO

A casi todos los loros les encanta un **chaparrón templado**. Y esto es algo que podemos proporcionarles fácilmente con una regadera llena de agua tibia. También se les puede poner **agua limpia** en una cubeta grande para que se bañen a sus anchas. Después del baño suelen limpiarse meticulosamente el plumaje, a veces unos a otros.

Una garantía de bienestar para los loros

UN PALADAR EXIGENTE

Muchos loros son bastante maniáticos por lo que respecta a la comida. Para evitar peligrosos **estados carenciales** es importante proporcionarles una dieta **muy variada,** por mucho que el animal prefiera unas cosas a otras. Una alimentación equilibrada incluirá una buena mezcla de grano poco graso, mucha fruta y verduras.

ZONA DE JUEGOS Y AVENTURAS

Si coloca un árbol para trepar o una zona de juegos en un lugar de la habitación lo más apartado posible de la jaula, despertará la **curiosidad** de los loros y les ofrecerá la oportunidad de roer y picotear sin destrozar el mobiliario. Así su mascota siempre se **sentirá feliz.**

EJERCICIO MENTAL

Dado que nuestros loros son unas de **las aves más inteligentes** que existen, son capaces de realizar todo tipo de ejercicios. Les divierte mucho aprender pequeños juegos, introduce **variedad** en su vida y les induce a superarse constantemente.

VETERINARIO DE LOROS

Cuando un loro está enfermo, procure ocultarlo durante tanto tiempo como pueda. Solamente es posible detectar a tiempo las enfermedades si se los **observa** detenidamente a **diario.** Es importante tener siempre a mano la dirección de un **veterinario especializado en aves exóticas.**

MEDIDAS DE SEGURIDAD

Los loros no deben estar expuestos a ningún peligro, ni en la jaula ni cuando están sueltos. No deberán haber **plantas venenosas** ni **objetos peligrosos** al alcance de los loros. También pueden perjudicarles mucho los olores fuertes y el humo.

Nuestros 10 consejos básicos

ENTRENAMIENTO DE FITNESS

A pesar de que a muchos loros les gusta más trepar que volar, el vuelo libre forma parte de su existencia. Eso les permite descubrir siempre cosas nuevas a la vez que **les hace ejercitar sus músculos.** Las pajareras al aire libre deberán ser lo suficientemente amplias como para permitir que los loros puedan volar. Así se mantendrán siempre sanos y en forma.

VARIEDAD

A los loros les encantan las novedades. Un **lugar junto a la ventana** les permite ampliar sus horizontes y contemplar lo que sucede en el exterior. Así siempre estarán distraidos con algo. Asegúrese de que puedan resguardarse a la **sombra** cuando lo deseen.

HIGIENE PERSONAL

Las aves dependen totalmente de su **plumaje**, por lo que dedican varias horas del día a limpiarlo y mantenerlo en perfectas condiciones. Concédales ese tiempo. Pero asegúrese de que no les crezcan demasiado las uñas o el pico. La **limpieza de la jaula** dependerá de usted.

NUNCA SOLOS

Casi todos los loros son **animales muy sociables.** Si no puede dedicarle mucho tiempo a su loro, considere la posibilidad de proporcionarle **un compañero.** Es muy entretenido observar la vida social de estos animales.

Índice alfabético

Los números de página expresados en **negrita** corresponden a las ilustraciones.

El autor

Thomas Haupt ha vivido con animales desde la infancia. Es veterinario y desde 1992 tiene consulta propia con un amplio departamento dedicado a aves. A nivel particular tiene muchas aves, especialmente cotorras y loros.

El fotógrafo

Oliver Giel es un conocido fotógrafo especializado en fotografías de naturaleza y de animales.

El resto de fotografías son de: Arco Images: (Wegner, P.) 12 izquierda, 15 izquierda, 24, 33; Juniors: (Brehm) 6, (Schanz) portada, (Wegner) 17 derecha; Schmidbauer: 8, 12 centro, 13 derecha, 39, 56; Silvestris: (Nill) 15 centro, (Sohns) 16 izquierda, (Hosking) 16 derecha; Univision: 13 izquierda, centro, 14 izquierda, 15 derecha.

A NUESTROS LECTORES

➤ Lleve su loro al veterinario en cuanto manifieste los primeros síntomas de una enfermedad.

➤ Las personas alérgicas a las plumas o al polvo de éstas no deberían tener aves en casa. En caso de duda, consulte a su médico de cabecera.

➤ Si sufre un resfriado fuerte, coméntele al médico que tiene aves en casa.

➤ Las heridas causadas por un ave han de recibir tratamiento médico.